© Verlag Herder GmbH, Freiburg im Breisgau 2014
Alle Rechte vorbehalten
www.herder.de

Gesamtgestaltung: Daniela Schulz, Puchheim
Druck: Graspo, Zlin
Gedruckt auf umweltfreundlichem, chlorfrei gebleichtem Papier
Printed in the Czech Republic

978-3-451-71251-7

Ingrid Uebe • Ute Thönissen

Die Geschichte von
Weihnachten

HERDER

FREIBURG · BASEL · WIEN

Ich will euch eine Geschichte erzählen.
Es ist wohl die wunderbarste der Welt.
Und ich bin sicher, dass sie euch allen
bei jedem Erzählen aufs Neue gefällt.
Hört mir nun zu! Dann sollt ihr erfahren,
wie die Geschichte vom Jesuskind
in Nazareth bei der Jungfrau Maria
mit dem Besuch eines Engels beginnt.

Maria saß abends in ihrer Kammer.
Es dämmerte schon, und sie war allein.
Da hörte sie draußen ein leises Singen.
Die Tür ging auf, und ein Engel trat ein.
„Ich grüße dich", sprach er, „Jungfrau Maria!
Gott schickt mich mit einer Botschaft zu dir.
Du wirst bald ein Kind in den Armen halten,
ein Kind wie kein anderes, glaube mir!
Es wird den Menschen mit Liebe begegnen
und von dem Bösen befreien die Welt.
Es wird sie dem Frieden entgegenführen
als ihr Erlöser, ihr Heiland und Held."
Maria hörte die Worte des Engels
mit klopfendem Herzen, staunend und still.
Dann faltete sie ihre Hände und sagte:
„Es soll gescheh'n, was der liebe Gott will."

In Nazareth wohnte ein Zimmermann,
der war bei allen Leuten beliebt,
weil's einen wie ihn, so tüchtig und treu,
auf der Welt bis heute nur wenige gibt.
Der Zimmermann Josef war mit Maria
herzlich vertraut schon so manches Jahr.
Als sie merkten, wie lieb sie sich hatten,
wurde aus ihnen ein glückliches Paar.

Die Möbel in ihrem kleinen Häuschen
hatte Josef mit eigenen Händen gemacht.
Sein Meisterstück, eine prächtige Wiege,
war für den kleinen Jesus gedacht.

Eines Tages jedoch kam Josef nach Hause
und sagte: „Maria, es tut mir sehr leid,
aber wir müssen nach Betlehem reisen.
Der Weg bis dahin ist ziemlich weit.
Ich weiß, dein Sohn wird bald geboren,
und du brauchst Ruhe genau wie das Kind.
Doch möchte der Kaiser Augustus wissen,
wie viele Menschen ihm untertan sind.

Du weißt, ich komme aus Betlehem.
Drum muss ich zur Zählung dorthin zurück.
Dass du mich begleiten wirst, liebe Maria,
erfüllt mich mit Sorge genau wie mit Glück."
Maria sagte: „Gott wird uns beschützen!",
und packte mit Josefs Hilfe geschwind
alles ein, was sie unterwegs brauchten –
auch Tücher und Windeln fürs Jesuskind.

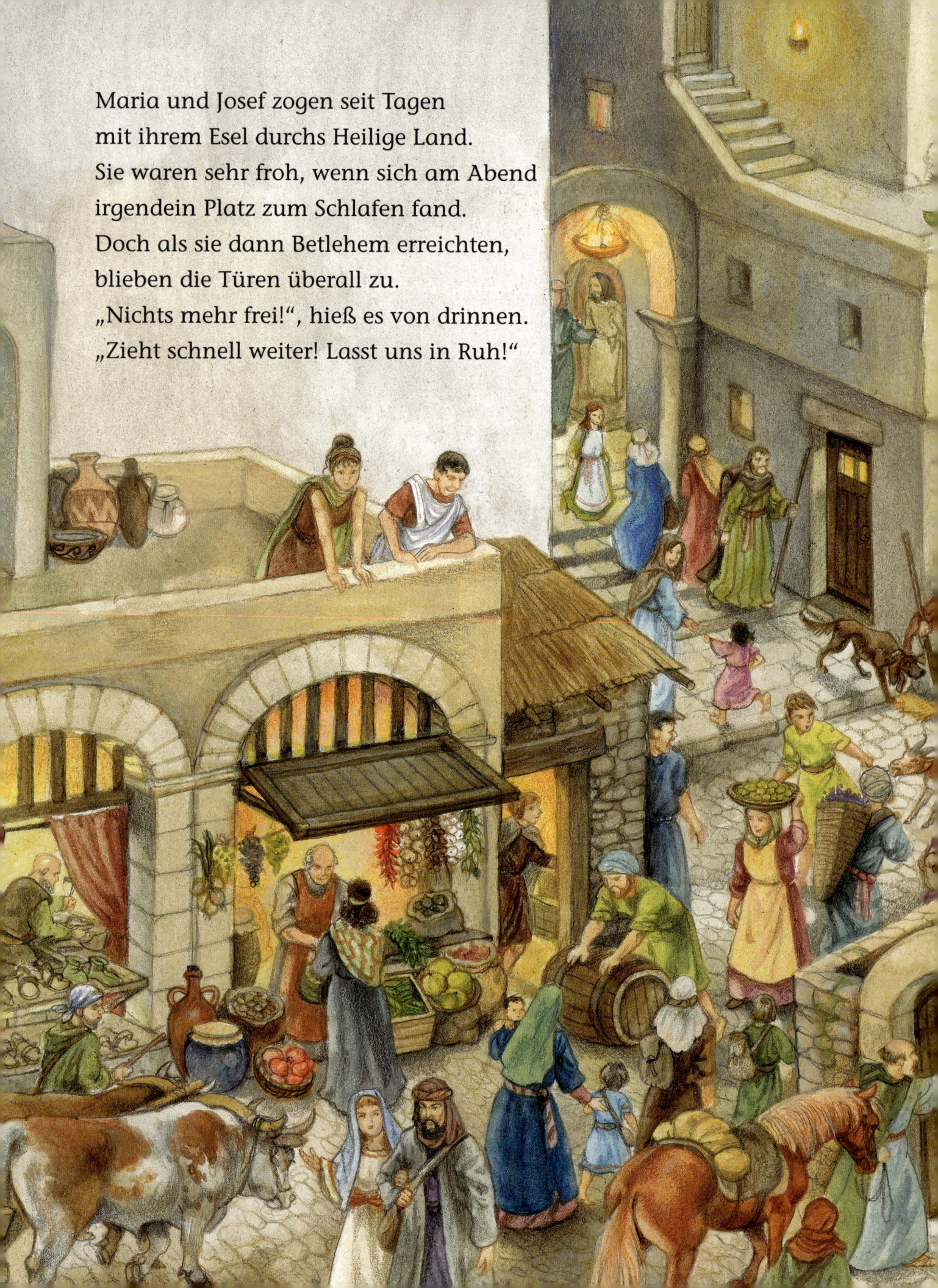

Maria und Josef zogen seit Tagen
mit ihrem Esel durchs Heilige Land.
Sie waren sehr froh, wenn sich am Abend
irgendein Platz zum Schlafen fand.
Doch als sie dann Betlehem erreichten,
blieben die Türen überall zu.
„Nichts mehr frei!", hieß es von drinnen.
„Zieht schnell weiter! Lasst uns in Ruh!"

Maria fühlte sich schwach und elend,
das Eselchen blieb immer häufiger steh'n.
Und Josef rang verzweifelt die Hände.
Wie sollte das alles nur weitergeh'n?

Am äußersten Stadtrand von Betlehem
wurde dann endlich bei Anbruch der Nacht
nach Josefs dringlichem Klopfen und Bitten
die Tür einen Spaltbreit aufgemacht.
„Ich kann euch im Haus nicht unterbringen!",
rief eine Stimme. „Auf gar keinen Fall!
Doch wollt ihr es warm und trocken haben,
so schlaft bei meinem Ochsen im Stall!"

„Ach, lieber Josef", sagte Maria,
„ich glaube, wir können nichts anderes tun.
Lass uns die Nacht im Stall verbringen
und dort bis zum Morgen ungestört ruh'n!"
„Du hast wohl recht", erwiderte Josef.
Das Eselchen rief erleichtert: „Iah!"
Sie gingen zum Stall, wo ihnen der Ochse
friedlich und freundlich entgegensah.

In dieser Nacht wurde Jesus geboren.
Maria hat ihn gewaschen, gepflegt,
hat ihm zuerst zu trinken gegeben
und ihn dann in die Futterkrippe gelegt.
Dem Kindchen schien es dort zu gefallen.
Es lag zufrieden auf Heu und auf Stroh.
Nach einer Weile schloss es die Augen.
Maria und Josef waren sehr froh.

Maria legte sich neben der Krippe
auf dem harten Boden müde zur Ruh.
Josef nahm seinen warmen Mantel
und deckte sie liebevoll damit zu.

Um diese Stunde konnte man draußen
einen großen Stern heraufziehen seh'n.
Er wanderte über den ganzen Himmel
und blieb überm Stall von Betlehem steh'n.

Auf dem freien Feld hinter Betlehem
weideten auch in der Heiligen Nacht
Schafe und Ziegen der reichen Bauern,
von armen Hirten versorgt und bewacht.
Die Männer hockten fröstelnd am Feuer.
Die Nacht war dunkel, der Wind blies kalt.
Auf einmal erblickten sie in der Ferne
eine fremde, leuchtend schöne Gestalt.
„Ist das ein Engel?", fragten sie staunend.
„Wo will er hin? Und wo kommt er her?"
Das Leuchten blendete ihre Augen.
Da fürchteten sich die Hirten sehr.

Der Engel hörte, was sie sich fragten,
sah ihre Angst vor dem blendenden Licht.
Mit einem Lächeln hob er die Hände
und rief ihnen zu: „Fürchtet euch nicht!
Gott schickt mich her! Ich soll euch sagen,
dass heute sein Sohn geboren ist.
Bald werden sich alle Menschen freuen
über das himmlische Kind Jesus Christ.
Geht schnell zum Stall hinter der Weide,
wo das Jesuskind in der Krippe liegt
und wo seine Mutter Maria
es zärtlich in ihren Armen wiegt!"

Auf einmal waren da viele Engel
neben dem ersten, strahlend und schön.
Noch niemals hatten die braven Hirten
etwas so Wunderbares geseh'n.
„Ehre sei Gott!", sangen die Engel.
„Frieden und Freude der ganzen Welt!"
Das jubelnde Lied der vielen Stimmen
klang weithin über das ganze Feld.

Als die Engel verschwunden waren,
sagten die Hirten: „Lasst uns geschwind
zur Krippe im Stall von Betlehem eilen
und niederknien vor dem heiligen Kind!
Wir sind die Ersten, die von ihm wissen.
Gedankt sei Gott für das große Glück!"
Sie machten sich auf, so schnell sie konnten.
Die Herde blieb bei den Hunden zurück.

Josef hörte die Hirten kommen.
Und war es inzwischen auch tiefe Nacht,
so hat er ihnen doch, ohne zu zögern,
voller Vertrauen die Tür aufgemacht.
Maria saß neben der Krippe und winkte
die schüchternen Hirten freundlich heran.
Auf Zehenspitzen traten sie näher
und staunten das schlafende Jesuskind an.

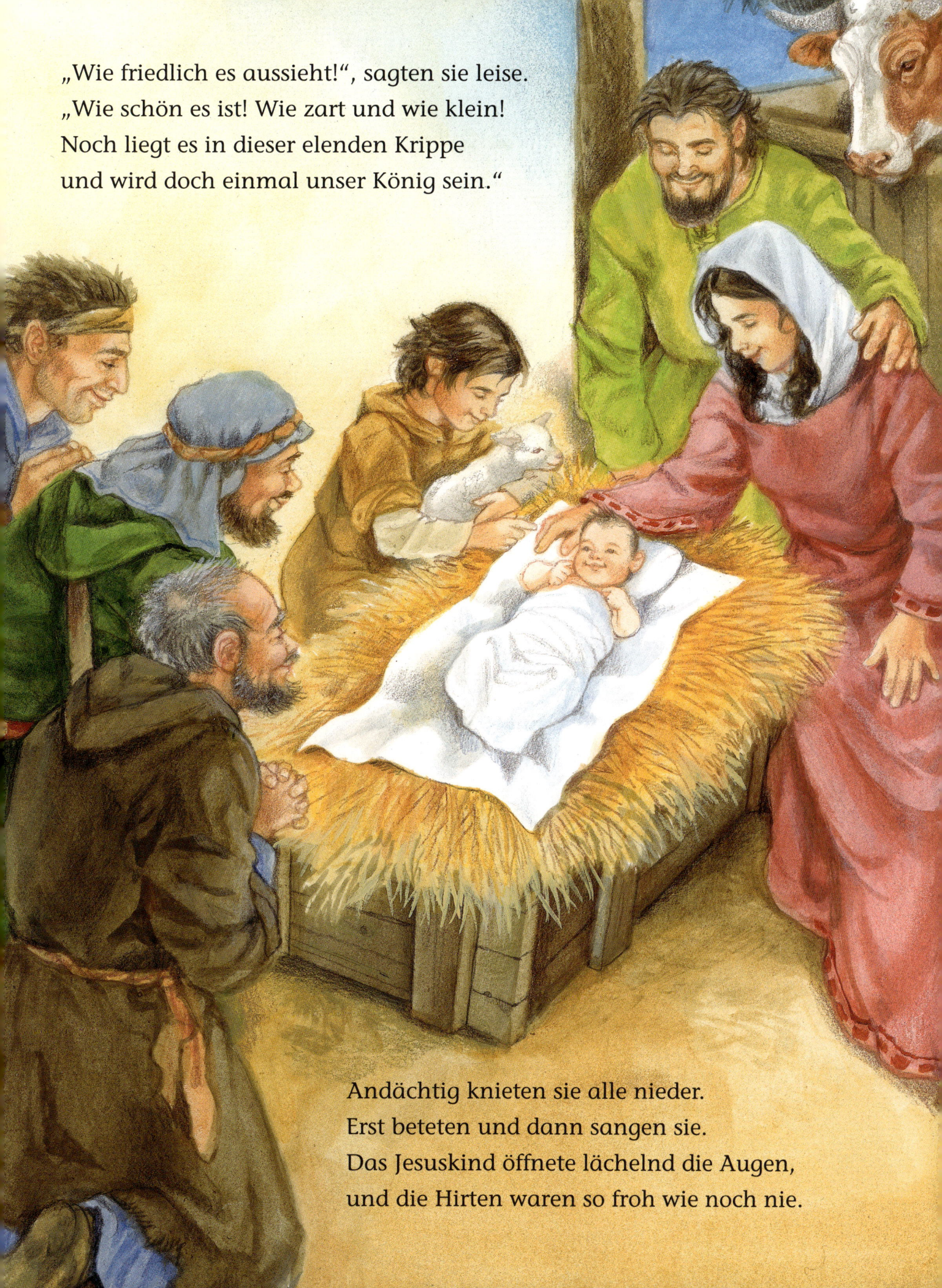

„Wie friedlich es aussieht!", sagten sie leise.
„Wie schön es ist! Wie zart und wie klein!
Noch liegt es in dieser elenden Krippe
und wird doch einmal unser König sein."

Andächtig knieten sie alle nieder.
Erst beteten und dann sangen sie.
Das Jesuskind öffnete lächelnd die Augen,
und die Hirten waren so froh wie noch nie.

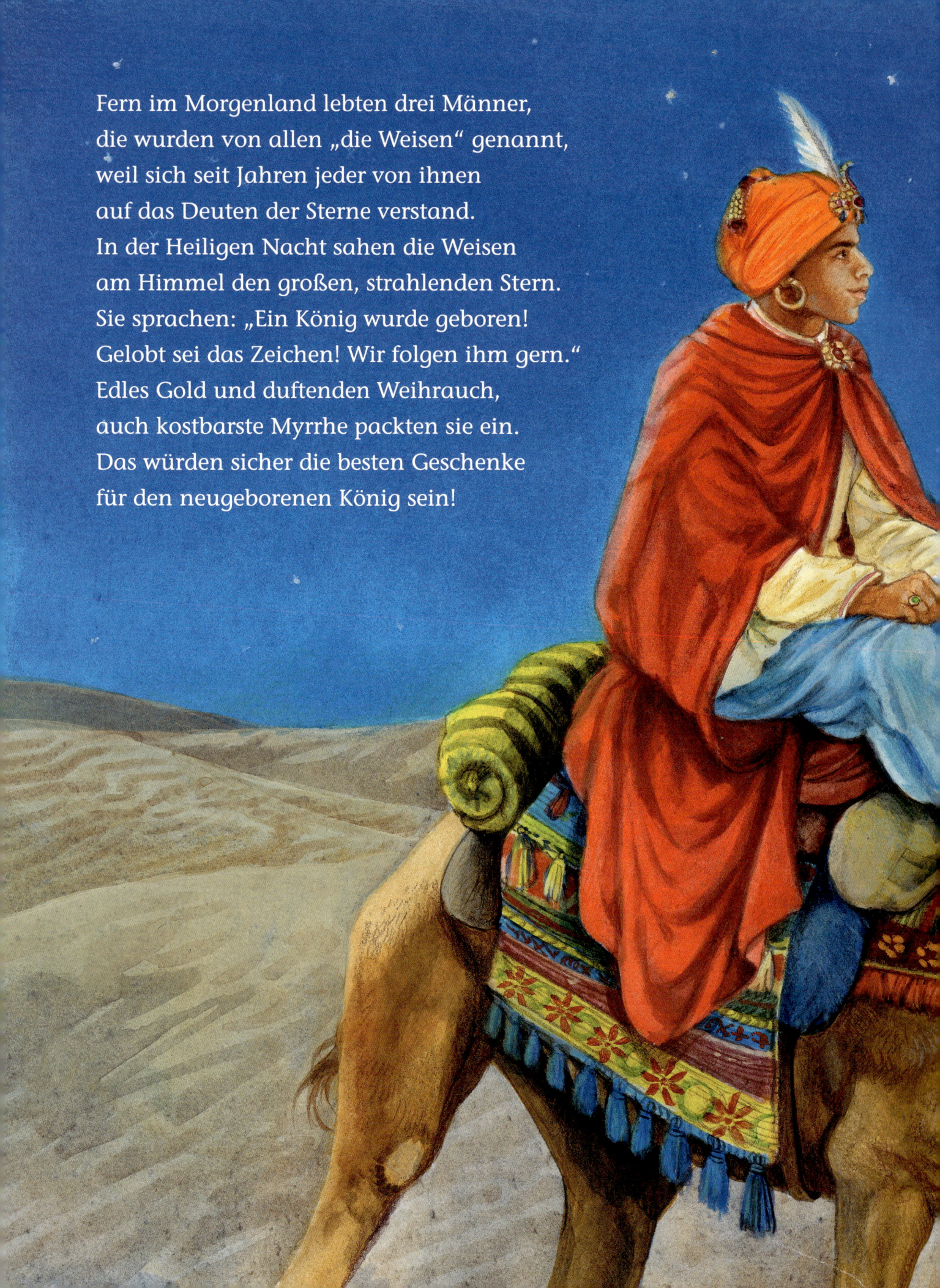

Fern im Morgenland lebten drei Männer,
die wurden von allen „die Weisen" genannt,
weil sich seit Jahren jeder von ihnen
auf das Deuten der Sterne verstand.
In der Heiligen Nacht sahen die Weisen
am Himmel den großen, strahlenden Stern.
Sie sprachen: „Ein König wurde geboren!
Gelobt sei das Zeichen! Wir folgen ihm gern."
Edles Gold und duftenden Weihrauch,
auch kostbarste Myrrhe packten sie ein.
Das würden sicher die besten Geschenke
für den neugeborenen König sein!

Weil sie der Weg durch die Wüste führte,
verließen die Weisen das Morgenland
auf starken Kamelen. Die trugen sie sicher
und voller Geduld durch den endlosen Sand.
Viele Nächte lang machten die Männer,
bis der Morgen graute, die Augen nicht zu.
Erst wenn die Sterne verschwunden waren,
legten sie sich eine Weile zur Ruh.

So kamen sie endlich ins Land der Juden.
Die Sterne waren gerade verblasst.
Inmitten der Hauptstadt Jerusalem
lag groß und prächtig der Königspalast.
„Nun sind wir am Ziel", sagten die Weisen.
„Dieser Palast ist der richtige Ort,
um nach dem neuen König zu suchen.
Lasst uns hoffen, wir finden ihn dort!"
Bald standen sie vor dem König Herodes.
Der regierte im Judenland völlig allein.
Die Krone sollte nur ihm gehören.
Er wollte der einzige Herrscher sein!
Auf die Frage der Weisen sagte er listig:
„Der, den ihr sucht, ist leider nicht hier.
Solltet ihr ihn jedoch anderswo finden,
kommt schnell zurück und meldet es mir!

Ich will ihm so bald wie möglich zeigen,
dass ich sein Freund und sein Bruder bin.
Euch lege ich dann für eure Hilfe
eine stattliche Menge Goldmünzen hin."
Die Weisen aber trauten ihm nicht.
Drum verließen sie in äußerster Hast
den finster blickenden König Herodes
und seinen prächtigen großen Palast.

Als es dunkel wurde, haben die Weisen
voll Freude zum Himmel hinaufgeblickt.
Sie sagten: „Wir wollen dem Stern nun trauen!
Ihn hat uns der liebe Gott geschickt."
Erleichtert führten sie ihre Kamele
hinaus aus der Hauptstadt Jerusalem –
und ritten dann, ohne Pause zu machen,
dem Stern entgegen nach Betlehem.

Sie kamen zum Stall und riefen staunend:
„Es gibt keinen Zweifel! Hier muss es sein!
Hier finden wir den richtigen König!"
Mit klopfendem Herzen traten sie ein.
Sie sahen Maria, sie sahen Josef
und in der Krippe das Jesuskind.
Da griffen sie in ihre Taschen und sagten:
„Seht her, warum wir gekommen sind!"
Josef haben sie Weihrauch und Myrrhe,
Maria die goldenen Münzen gereicht.
Sie sollte dem Kind etwas Schönes kaufen –
und auch ein kleines Spielzeug vielleicht.
Danach saßen alle noch lange zusammen.
Ein Öllämpchen spendete sanftes Licht.
Es gab so viel, oh, so viel zu erzählen!
Keiner fand Schlaf, auch das Jesuskind nicht.

„Komm her, mein Schatz!", sagte Maria
und hob es aus der Krippe heraus.
„Es ist schon spät und du musst schlafen.
Ruh dich jetzt in meinen Armen aus!"
Josef und die drei Weisen schwiegen.
Das Eselchen machte ganz leise: „Iah!"
Der Ochse schnaubte sacht durch die Nase.
Er freute sich auch über das, was er sah.

Maria wiegte ihr Kind in den Armen,
sang ihm ins Ohr: „Schlaf nun selig und süß!
Schließ deine Augen und schau im Traume
ein goldenes Stückchen vom Paradies!"
Ein kleiner Engel schaute durchs Fenster
und kam dann auf Zehenspitzen herein.
Maria nickte ihm zu und sang weiter.
Da stimmte der kleine Engel mit ein.